This journal belongs to

>>>>>>>>>>>>

The greatest gift is not being afraid to question.
-Ruby Dee

>>>>>>>>>>>>

You'll Be All Write

Copyright © 2017 by Veronica R. Wells for
NoSugarNoCreamMag.com

Cover Design: Veronica R. Wells

All rights reserved. No part of this journal may be reproduced, distributed, or transmitted in any form or by any means, including photocopying, recording, or other electronic or mechanical methods, without permission in writing from the author.

ISBN-13: 9781979498852
ISBN-10: 1979498857

www.nosugarnocreammag.com

Printed in the United States of America

january 1

What fuckboy/girl behavior have you tolerated in the past? What fuckboy/girl behavior are you tolerating today?

20_21_
I just followed this people son on instagram again.

20___

20___

20___

20___

january 2

Are you moving toward or away from your goals?

20 20
Moving closer: Gradschool applications due in 2 days!!
(This bus is an EOP)

20___

20___

20___

20___

january 3

If money weren't a factor, what would you be doing?

20_20_

20___

20___

20___

20___

january 4

Have you ever been in a situationship? What lessons did you learn from it?

20__

20__

20__

20__

20__

january 5

What's the biggest unresolved issue between you and your father?

20__

20__

20__

20__

20__

january 6

Have you ever had to check racism at work?

20___

20___

20___

20___

20___

january 7

What are the privileges of being a Black woman?

20__

20__

20__

20__

20__

january 8

Are you triggered by Black men dating/marrying White women?

20___

20___

20___

20___

20___

january 9

Do you make New Year's resolutions?

20__

20__

20__

20__

20__

january 10

What do you plan on devoting your energy toward this year?

20__

20__

20__

20__

20__

january 11

How close are you to God?

20__

20__

20__

20__

20__

january 12

Is there anyone you would die for?

20___

20___

20___

20___

20___

january 13

What are your thoughts on submission?

20__

20__

20__

20__

20__

january 14

Which relationship needs the most repairing?

20___

20___

20___

20___

20___

january 15

When was the last time you felt jealous?

20__

20__

20__

20__

20__

january 16

Most recently, has social media done more harm or good in your life?

20__

20__

20__

20__

20__

january 17

Do you enjoy cooking?

20___

20___

20___

20___

20___

january 18

What do you think about the statement "men are trash"?

20__

20__

20__

20__

20__

january 19

When was the last time someone did something romantic for you?

20___

20___

20___

20___

20___

january 20

Where do you want to travel?

20___

20___

20___

20___

20___

january 21

Are there people you need to let go?

20__

20__

20__

20__

20__

january 22

Have you ever cheated in a relationship?

20__

20__

20__

20__

20__

january 23

Is there anyone you don't question?

20___

20___

20___

20___

20___

january 24

How are you wearing your hair right now?

20__

20__

20__

20__

20__

january 25

Which Black female artist (of any medium) inspires you the most?

20___

20___

20___

20___

20___

january 26

Are you for or against approaching potential romantic partners? Why or why not?

20__

20__

20__

20__

20__

january 27

What was the last, significant argument you had with someone you're close to?

20__

20__

20__

20__

20__

january 28

What's something you're embarrassed to admit you did in middle school?

20__

20__

20__

20__

20__

january 29

What do you like most about yourself?

20__

20__

20__

20__

20__

january 30

Which tv sitcom from the nineties had the best theme song?

20___

20___

20___

20___

20___

january 31

Are there any anti-Black ideologies you've had to combat in your own mind?

20__

20__

20__

20__

20__

february 1

What was the last good book you've read by a Black woman?

20__

20__

20__

20__

20__

february 2

How does God speak to you? Does He?

20__

20__

20__

20__

20__

february 3

What are three things you know for sure?

20__

20__

20__

20__

20__

february 4

Is money--or the lack thereof-- a problem for you right now?

20___

20___

20___

20___

20___

february 5

When was the last time you were still?

20__

20__

20__

20__

20__

february 6

Do you benefit from pretty privilege? How so?

20___

20___

20___

20___

20___

february 7

Is there such a thing as being too politically correct?

20__

20__

20__

20__

20__

february 8

Which recent news story really disturbed you?

20___

20___

20___

20___

20___

february 9

Has colorism affected your life? How?

20___

20___

20___

20___

20___

february 10

Who was the last person you compared yourself to?

20___

20___

20___

20___

20___

february 11

What's your favorite inspirational quote from a Black woman?

20__

20__

20__

20__

20__

february 12

What are your thoughts on the Black church?

20__

20__

20__

20__

20__

february 13

Do you still listen to R. Kelly's music?

20__

20__

20__

20__

20__

february 14

What are some of your self care rituals?

20__

20__

20__

20__

20__

february 15

Who are you putting before yourself?

20___

20___

20___

20___

20___

february 16

How do you feel about womanism?

20___

20___

20___

20___

20___

february 17

Are you quick to cancel people?

20___

20___

20___

20___

20___

february 18

Which public figure is problematic for you?

20__

20__

20__

20__

20__

february 19

How do you feel about contouring?

20__

20__

20__

20__

20__

_# february 20

Are you more passive, aggressive, or assertive?

20__

20__

20__

20__

20__

february 21

Who do you miss?

20__

20__

20__

20__

20__

february 22

What are some of your childhood memories?
Why do you think you remember these moments?

20__

20__

20__

20__

20__

february 23

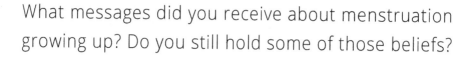

What messages did you receive about menstruation growing up? Do you still hold some of those beliefs?

20__

20__

20__

20__

20__

february 24

Name some of the good qualities your first love possessed.

20___

20___

20___

20___

20___

february 25

Thoughts on premarital sex...

20__

20__

20__

20__

20__

february 26

What does your vagina smell like?

20___

20___

20___

20___

20___

february 27

Which of your family members are you closest to right now?

20__

20__

20__

20__

20__

february 28

When do you feel the most powerful?

20___

20___

20___

20___

20___

february 29

Did anything particularly special happen today?

20___

20___

20___

20___

20___

march 1

When was the last time your parents embarrassed you?

20___

20___

20___

20___

20___

march 2

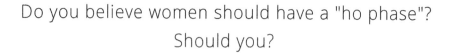

Do you believe women should have a "ho phase"? Should you?

20___

20___

20___

20___

20___

march 3

If you had a penis, what would you do with it?

20__

20__

20__

20__

20__

march 4

Which misogynistic song is still your jam?

20__

20__

20__

20__

20__

march 5

What would you change about your upbringing?

20__

20__

20__

20__

20__

march 6

When was the last time you cried?

20__

20__

20__

20__

20__

march 7

Are there any current tv characters you relate to?

20__

20__

20__

20__

20__

march 8

Do you eat healthily?

20___

20___

20___

20___

20___

march 9

Do you believe we can be anything we want to be?

20__

20__

20__

20__

20__

march 10

Write down the first word that comes to your mind when you think about your body.

20___

20___

20___

20___

20___

march 11

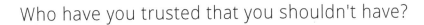

Who have you trusted that you shouldn't have?

20__

20__

20__

20__

20__

march 12

Your thoughts on fellatio...giving and receiving.

20__

20__

20__

20__

20__

march 13

Which stereotypes about Black women do you fit?

20__

20__

20__

20__

20__

march 14

When was the last time you experienced racism?

20___

20___

20___

20___

20___

march 15

When was the last time you experienced sexism?

20__

20__

20__

20__

20__

march 16

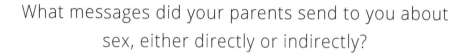

What messages did your parents send to you about sex, either directly or indirectly?

20___

20___

20___

20___

20___

march 17

Has your hair ever been policed?

20___

20___

20___

20___

20___

march 18

Does being Black feel like a burden to you?

20__

20__

20__

20__

20__

march 19

Who do you feel the most like yourself around?

20___

20___

20___

20___

20___

march 20

Do you speak up for yourself as much as you should?

20___

20___

20___

20___

20___

march 21

What are some behaviors that can't be forgiven in relationships?

20__

20__

20__

20__

20__

march 22

In a marriage, who comes first, your partner or your children?

20__
_____
_____
_____

20__
_____
_____
_____

20__
_____
_____
_____

20__
_____
_____
_____

20__
_____
_____
_____

march 23

Who was the last person you lost?

20__
_____
_____
_____

20__
_____
_____
_____

20__
_____
_____
_____

20__
_____
_____
_____

20__
_____
_____
_____

march 24

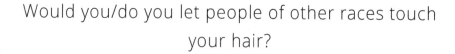

Would you/do you let people of other races touch your hair?

20__

20__

20__

20__

20__

march 25

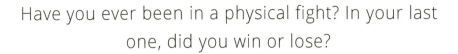

Have you ever been in a physical fight? In your last one, did you win or lose?

20___

20___

20___

20___

20___

march 26

In high school you were...

20___

20___

20___

20___

20___

march 27

Has anyone ever called you arrogant?
Were they right?

20__

20__

20__

20__

20__

march 28

Have you ever been underappreciated at work?

20___

20___

20___

20___

20___

march 29

Do you know someone/have you ever been in an emotionally, physically or verbally abusive relationship?

20___

20___

20___

20___

20___

march 30

Who is the funniest person in your life?

20__

20__

20__

20__

20__

march 31

What issue does your family need to talk about?

20___

20___

20___

20___

20___

april 1

Are you paying off student loans?

20___

20___

20___

20___

20___

april 2

Which childhood memories do you wish you could forget?

20__

20__

20__

20__

20__

april 3

What do you make of sexual purity conferences?

20__

20__

20__

20__

20__

april 4

Should you honor your mother and father no matter the circumstances?

20__

20__

20__

20__

20__

april 5

Have you ever struggled with anxiety or depression? What do you do to stay balanced?

20__

20__

20__

20__

20__

april 6

When was the last time you felt inadequate?

20__

20__

20__

20__

20__

april 7

What was your last "failure"? What did you learn from it?

20___

20___

20___

20___

20___

april 8

Which books by Black women have been the most important to you?

20___

20___

20___

20___

20___

april 9

How important is it to have your nails done? Your toes?

20__

20__

20__

20__

20__

april 10

Who do you need to forgive?

20__

20__

20__

20__

20__

april 11

When was the last time you lost "your cool"? Do you regret it?

20__

20__

20__

20__

20__

april 12

What has been your most memorable birthday?

20___

20___

20___

20___

20___

april 13

Are you open to constructive criticism? In life? At work?

20__

20__

20__

20__

20__

april 14

In the past week, have you been more of a pessimist, optimist, or realist?

20__

20__

20__

20__

20__

april 15

Do you tell the people you love about their flaws?

20__

20__

20__

20__

20__

april 16

What do you make of self-help books?

20___

20___

20___

20___

20___

april 17

Which Black woman in history inspires you?

20__

20__

20__

20__

20__

april 18

Do you have any close White friends?

20__

20__

20__

20__

20__

april 19

Are you involved in any type of community service?

20__

20__

20__

20__

20__

april 20

Have you ever participated in a Black Lives Matter protest? Do you believe protesting is capable of bringing about significant political change?

20__

20__

20__

20__

20__

april 21

Do you believe there are certain things you should have accomplished/experienced before you have children?

20___

20___

20___

20___

20___

april 22

What's the most hurtful thing a family member has ever said or done to you?

20___

20___

20___

20___

20___

april 23

Which events, institutions or historical moments have been the most detrimental to the Black community?

20__

20__

20__

20__

20__

april 24

Do you love America? Do you have hope for this country?

20___

20___

20___

20___

20___

april 25

Does your period change you in any significant ways?

20__

20__

20__

20__

20__

april 26

Do you use the words "bitch" or "pussy" when insulting men?

20__

20__

20__

20__

20__

april 27

How do you feel about vaccines for children?

20___

20___

20___

20___

20___

april 28

To which gender roles, if any, do you still subscribe?

20___

20___

20___

20___

20___

april 29

Which body part of yours do you like the best?

20__

20__

20__

20__

20__

april 30

What does your breath smell like right now? Why?

20__

20__

20__

20__

20__

may 1

How do you feel about the word "pussy"? When and where should it be used?

20__

20__

20__

20__

20__

may 2

What is a song, artist, or television show everyone loves but you just don't care for?

20___

20___

20___

20___

20___

may 3

Black women are...?

20__

20__

20__

20__

20__

may 4

Who or what are you addicted to?

20__

20__

20__

20__

20__

may 5

What are your gifts?

20__

20__

20__

20__

20__

may 6

Are you more of a planner or do you go with the flow? When was the last time you did the opposite?

20__

20__

20__

20__

20__

may 7

What characteristics of your astrological sign do you believe you possess? Which ones don't fit?

20__

20__

20__

20__

20__

may 8

When was the last time you laughed your hardest?
Who were you with? What was so funny?

20__

20__

20__

20__

20__

may 9

Who are you ignoring?

20__

20__

20__

20__

20__

may 10

Describe the best sex you've ever had.

20__

20__

20__

20__

20__

may 11

If your partner betrayed you once but would never do it again, would you want to know?

20__

20__

20__

20__

20__

may 12

Have you ever been fetishized because of your race?

20__

20__

20__

20__

20__

may 13

Are you over your previous romantic relationships?

20___

20___

20___

20___

20___

may 14

Is spanking an effective or appropriate form of discipline?

20__

20__

20__

20__

20__

may 15

Which albums have had the greatest impact on your life?

20__

20__

20__

20__

20__

may 16

Who are the happily married couples in your life?

20___

20___

20___

20___

20___

may 17

When was the last time you masturbated?

20__

20__

20__

20__

20__

may 18

How do you normally respond to street harassment? Do you often wish you'd said or done more?

20___

20___

20___

20___

20___

may 19

Is polygamy a healthy relationship alternative/option for Black folk?

20__

20__

20__

20__

20__

may 20

When, if ever, is it appropriate for you to check your elders?

20___

20___

20___

20___

20___

may 21

Describe your worst sexual experience.

20___

20___

20___

20___

20___

may 22

Has someone ever attempted to attack your character online? How did you respond?

20__

20__

20__

20__

20__

may 23

What are some "silly" things you're afraid of?

20__

20__

20__

20__

20__

may 24

Have you ever spoken to a therapist? Do you think you could benefit from doing so?

20__

20__

20__

20__

20__

may 25

In what ways has traditional religion oppressed you?

20__

20__

20__

20__

20__

may 26

What was the last compliment you gave yourself?

20__

20__

20__

20__

20__

may 27

Which piece of advice do you wish you'd taken?

20___

20___

20___

20___

20___

may 28

Which recent decision of yours caused the most discussion between family and friends?

20__

20__

20__

20__

20__

may 29

What habit or activity from your childhood do you want to pick back up again?

20__

20__

20__

20__

20__

may 30

What were some mistakes you made in past relationships (romantic or otherwise)?

20__

20__

20__

20__

20__

may 31

What do you need to forgive yourself for?

20___

20___

20___

20___

20___

june 1

What was the most beautiful thing you saw today?

20___

20___

20___

20___

20___

june 2

When was the last time you had a difficult conversation?

20___

20___

20___

20___

20___

june 3

What loss in your life has been the hardest to heal from?

20__

20__

20__

20__

20__

june 4

Who will never understand you?

20__

20__

20__

20__

20__

june 5

What do you understand about your parents that you didn't before?

20___

20___

20___

20___

20___

june 6

In what ways are you materialistic?

20___

20___

20___

20___

20___

june 7

Which elements of your daily life feed your spiritual self?

20__

20__

20__

20__

20__

june 8

When was the last time you woke up in the middle of the night? What were you thinking about?

20___

20___

20___

20___

20___

june 9

What are your thoughts on armpit and pubic hair?

20__

20__

20__

20__

20__

june 10

Which song recently grew on you?

20__

20__

20__

20__

20__

june 11

Are you open to new friendships?

20___

20___

20___

20___

20___

june 12

What was the last thing you did to support or uplift another Black woman?

20__

20__

20__

20__

20__

june 13

Which celebrities annoy you and why?

20___

20___

20___

20___

20___

june 14

When was the last time you weren't completely honest?

20___

20___

20___

20___

20___

june 15

What do you want to do when you retire?

20___

20___

20___

20___

20___

june 16

When are you most aware of your shortcomings?

20__

20__

20__

20__

20__

june 17

Who do you need to unfollow or unfriend on social media?

20___

20___

20___

20___

20___

june 18

What should you thank your parents for?

20__

20__

20__

20__

20__

june 19

What should the next generation of young, Black girls know?

20__

20__

20__

20__

20__

june 20

When was the last time you blamed someone for something you caused?

20___

20___

20___

20___

20___

june 21

Are you exercising enough?

20__

20__

20__

20__

20__

june 22

What should you be doing right now?

20___

20___

20___

20___

20___

june 23

How does your savings account look?

20__

20__

20__

20__

20__

june 24

Do you believe your ancestors are watching over you? If so, how do you think they feel?

20___

20___

20___

20___

20___

june 25

What's your most used emoji? Why?

20__

20__

20__

20__

20__

june 26

What quality do you like about yourself that other people may find annoying?

20__

20__

20__

20__

20__

june 27

When was the last time you felt you didn't belong somewhere?

20___

20___

20___

20___

20___

june 28

What was the last revealing story you shared about yourself? Who did you tell?

20__

20__

20__

20__

20__

june 29

Should single mothers be celebrated on Father's Day?

20__

20__

20__

20__

20__

june 30

When it comes to the details of your sex life, how much do you share with others?

20__

20__

20__

20__

20__

july 1

Have you ever felt pressure to prove your intelligence?

20__

20__

20__

20__

20__

july 2

Is it better to have no expectations so you won't be disappointed, or adjust them once people show you who they are?

20__

20__

20__

20__

20__

july 3

Growing up, what misconceptions, if any, did you have about the African continent or African people?

20__

20__

20__

20__

20__

july 4

What will it take to eradicate racism in America?

20___

20___

20___

20___

20___

july 5

How close do you feel toward your siblings/cousins?

20__
_____
_____
_____

20__
_____
_____
_____

20__
_____
_____
_____

20__
_____
_____
_____

20__
_____
_____
_____

july 6

Did your parents say 'I love you' growing up? Whether they did or didn't, how did their choice affect you?

20__

20__

20__

20__

20__

july 7

What recent issue did Black folk get riled up about but you didn't think it was a big deal?

20__

20__

20__

20__

20__

july 8

Which behavior rooted in respectability politics are trying to stop performing or caring about?

20__

20__

20__

20__

20__

july 9

What's your favorite art medium to consume? To create?

20___

20___

20___

20___

20___

july 10

When was the last time you downplayed yourself to make someone else feel comfortable?

20__

20__

20__

20__

20__

july 11

How do you behave when you're angry? Is it effective?

20__

20__

20__

20__

20__

july 12

What are characteristics you want in a romantic partner?

20__

20__

20__

20__

20__

july 13

Are there any questions you're afraid to ask?

20__

20__

20__

20__

20__

july 14

Could you date someone who didn't share your faith?

20__

20__

20__

20__

20__

july 15

Are there people close to you who still hold homophobic beliefs? Do you confront them?

20__

20__

20__

20__

20__

july 16

What was the last piece of art that reflected you?

20__

20__

20__

20__

20__

july 17

What was the last moment of sisterhood among Black women that you experienced?

20__

20__

20__

20__

20__

july 18

When was the last time you self-sabotaged?

20___

20___

20___

20___

20___

july 19

Has anyone ever stolen physical property from you?

20__

20__

20__

20__

20__

july 20

Is there an idea, dream, or plan you gave up on that you might need to revisit?

20__

20__

20__

20__

20__

july 21

Are you shocked, surprised, or satisfied with the state of your life right now?

20__

20__

20__

20__

20__

july 22

What bad habit or unbecoming characteristic are you happy you no longer exhibit?

20__

20__

20__

20__

20__

july 23

As a Black woman, do you ever feel like "the mule of the world"?

20___

20___

20___

20___

20___

july 24

When was the last time you offended someone?

20___

20___

20___

20___

20___

july 25

Have your expectations of friendship changed over the years?

20___

20___

20___

20___

20___

july 26

In which areas do you need more confidence?

20___

20___

20___

20___

20___

july 27

If you could relive your college years, whether you were in college or not, what would you do differently?

20__

20__

20__

20__

20__

july 28

Who were some Black women you looked up to as a child?

20__

20__

20__

20__

20__

july 29

Which noise irritates you the most?

20___

20___

20___

20___

20___

july 30

When was the last time you gave to someone in need?

20___

20___

20___

20___

20___

july 31

How do you feel about physical touch? When do you appreciate it and when do you not?

20___

20___

20___

20___

20___

august 1

What was the last thing you regret wearing? Why?

20___

20___

20___

20___

20___

august 2

How do you feel about men today?

20__

20__

20__

20__

20__

august 3

What was the last thing you learned from someone unlike yourself?

20__

20__

20__

20__

20__

august 4

How's your vagina doing?

20__

20__

20__

20__

20__

august 5

When was the last time you feared for your life?

20___

20___

20___

20___

20___

august 6

Would it bother you to date someone with hair longer than yours?

20__

20__

20__

20__

20__

august 7

Should you avoid giving your child a "Black sounding" name? Have you ever been teased because of yours?

20__

20__

20__

20__

20__

august 8

If you had time to take a staycation, what would you do, where would you go, who would you see?

20___

20___

20___

20___

20___

august 9

If you had the ability to see where you would be in the next ten years, would you look?

20__

20__

20__

20__

20__

august 10

When you look in the mirror, what's the first thing you notice/think/feel?

20__

20__

20__

20__

20__

august 11

How do you feel about getting older?

20___

20___

20___

20___

20___

august 12

What was the first thing you thought about this morning? What do you wish it had been?

20__

20__

20__

20__

20__

august 13

When do you get on your own nerves?

20__

20__

20__

20__

20__

august 14

Which songs make you think about events or people you'd rather not?

20__

20__

20__

20__

20__

august 15

What does it mean to be a good mother?

20___

20___

20___

20___

20___

august 16

If there was one question you could ask God, what would it be?

20__

20__

20__

20__

20__

august 17

Do you get as much as you give?

20___

20___

20___

20___

20___

august 18

Do you believe humans can truly be selfless?

20___

20___

20___

20___

20___

august 19

What are your thoughts about the word "surrender"?

20__

20__

20__

20__

20__

august 20

What do you want your legacy to be?

20___

20___

20___

20___

20___

august 21

What's the best compliment you've received recently?

20__

20__

20__

20__

20__

august 22

In what ways have men harassed you?

20___

20___

20___

20___

20___

august 23

What are your financial goals?

20___

20___

20___

20___

20___

august 24

How do you feel about Al Sharpton?

20___

20___

20___

20___

20___

august 25

Can White people be cured of racism?

20___

20___

20___

20___

20___

august 26

What's the most unprofessional behavior you've gotten away with?

20__

20__

20__

20__

20__

august 27

Have you ever made a cry for help on social media?

20__

20__

20__

20__

20__

august 28

How do you know when you've truly forgiven someone?

20__

20__

20__

20__

20__

august 29

Have you ever desired more European features?
(i.e. thinner nose, lighter skin/eyes, different hair etc.)

20___

20___

20___

20___

20___

august 30

Do you find attending weddings more of an inconvenience than a celebratory occassion?

20__

20__

20__

20__

20__

august 31

Have you ever felt obligated to have sex?

20___

20___

20___

20___

20___

september 1

How do you prefer to spend your birthdays?

20___
_____
_____
_____

20___
_____
_____
_____

20___
_____
_____
_____

20___
_____
_____
_____

20___
_____
_____
_____

september 2

If someone tells you something in confidence, are you likely to keep the secret?

20__

20__

20__

20__

20__

september 3

What's something you regret saying to another woman?

20___

20___

20___

20___

20___

september 4

Do Black women devote too much time and energy to our hair?

20__

20__

20__

20__

20__

september 5

Do you believe you have no choice when it comes to falling in love?

20___

20___

20___

20___

20___

september 6

Do you believe in love at first sight Has it ever happened to you?

20___

20___

20___

20___

20___

september 7

Do you find it easy to make small talk?

20___

20___

20___

20___

20___

september 8

Have you ever used social media to project an image of your life that wasn't entirely true?

20__

20__

20__

20__

20__

september 9

Which author would be best equipped to tell your life story? Zane, Zora Neale Hurston, Terry McMillan, or Toni Morrison?

20___

20___

20___

20___

20___

september 10

Which people, places, and things stimulate your creativity?

20___

20___

20___

20___

20___

september 11

What subjects, issues, or questions have been on your mind recently?

20___

20___

20___

20___

20___

september 12

Is Donald Trump still President of the United States?

20___

20___

20___

20___

20___

september 13

If you could be another Black woman for a day, who would you be and why?

20__

20__

20__

20__

20__

september 14

When is it appropriate to put career over family?
What about family over career?

20__

20__

20__

20__

20__

september 15

When do you feel the most socially awkward?

20__

20__

20__

20__

20__

september 16

What do you want to remember about today?

20___

20___

20___

20___

20___

september 17

What do you make of Iyanla Vanzant's work?

20__

20__

20__

20__

20__

september 18

How would you answer the question, "Can women have it all?"

20__

20__

20__

20__

20__

september 19

Do you use sunscreen?

20___

20___

20___

20___

20___

september 20

When was the last time you had a problem saying no?

20___

20___

20___

20___

20___

september 21

When was the last time you tried something you thought you would hate?

20__

20__

20__

20__

20__

september 22

What are five things you're grateful for?

20___

20___

20___

20___

20___

september 23

How do you define your intelligence?

20___

20___

20___

20___

20___

september 24

When was the last time you made yourself laugh?

20___

20___

20___

20___

20___

september 25

Which friend do you call when ish goes left?

20___

20___

20___

20___

20___

september 26

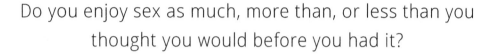

Do you enjoy sex as much, more than, or less than you thought you would before you had it?

20__

20__

20__

20__

20__

september 27

When everyone else is occupied and you find yourself alone, how do you feel?

20__

20__

20__

20__

20__

september 28

Should you act on a majority of your feelings?

20__

20__

20__

20__

20__

september 29

How would your mom describe you?

20__

20__

20__

20__

20__

september 30

Which movies/characters influenced your thoughts on love?

20___

20___

20___

20___

20___

october 1

When was the last time your worst fear came true?

20__

20__

20__

20__

20__

october 2

When was the last time you were insensitive?

20__

20__

20__

20__

20__

october 3

Do you believe heterosexual relationships work best when the man loves the woman more?

20__

20__

20__

20__

20__

october 4

When was the last time you embarrassed yourself?

20___

20___

20___

20___

20___

october 5

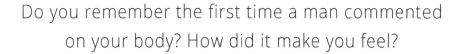

Do you remember the first time a man commented on your body? How did it make you feel?

20__

20__

20__

20__

20__

october 6

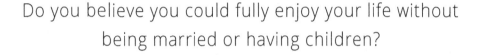

Do you believe you could fully enjoy your life without being married or having children?

20__

20__

20__

20__

20__

october 7

Who was the last person you tried to impress? Were they worth it?

20___

20___

20___

20___

20___

october 8

When was the last time you asked for help?

20___

20___

20___

20___

20___

october 9

Do you notice significant class differences among your friends?

20___

20___

20___

20___

20___

october 10

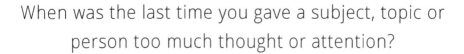

When was the last time you gave a subject, topic or person too much thought or attention?

20___
_____
_____
_____

20___
_____
_____
_____

20___
_____
_____
_____

20___
_____
_____
_____

20___
_____
_____
_____

october 11

What outlandish crush or attraction have you had recently?

20___

20___

20___

20___

20___

october 12

What illnesses run in your family? Are you doing anything to prevent them from showing up in your life?

20___

20___

20___

20___

20___

october 13

Would you ever put your parents in a retirement home?

20___

20___

20___

20___

20___

october 14

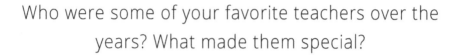

Who were some of your favorite teachers over the years? What made them special?

20__

20__

20__

20__

20__

october 15

What do you imagine your soul looks like?

20__

20__

20__

20__

20__

october 16

What are your thoughts on the Bible?

20___

20___

20___

20___

20___

october 17

Do you spend too much time talking about people?

20__

20__

20__

20__

20__

october 18

What's your theme song?

20___

20___

20___

20___

20___

october 19

What was the most recent example of White feminism you've experienced?

20___

20___

20___

20___

20___

october 20

What does investing in yourself look like?

20___
___
___
___

20___
___
___
___

20___
___
___
___

20___
___
___
___

20___
___
___
___

october 21

What's the best way to politely but firmly confront someone?

20___

20___

20___

20___

20___

october 22

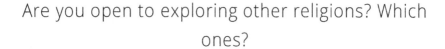

Are you open to exploring other religions? Which ones?

20__

20__

20__

20__

20__

october 23

When was the last time your career benefitted from a networking relationship?

20___
_____
_____
_____

20___
_____
_____
_____

20___
_____
_____
_____

20___
_____
_____
_____

20___
_____
_____
_____

october 24

What do you think about the phrase "Black Girl Magic"?

20___

20___

20___

20___

20___

october 25

Do you believe focusing on racism can prevent you from upward mobility?

20__

20__

20__

20__

20__

october 26

Have you ever felt ostracized by a different type of Black woman? (African, Caribbean, Afro-Latina, American Black)

20___

20___

20___

20___

20___

october 27

If you were to leave America, where would you live?

20__

20__

20__

20__

20__

october 28

Which one of your outfits make you feel the most confident?

20___

20___

20___

20___

20___

october 29

With which culture, outside of your own, do you most identify?

20___

20___

20___

20___

20___

october 30

What story will you tell to shock the next generation?

20__

20__

20__

20__

20__

october 31

As a child, which of your characteristics did adults praise?

20__

20__

20__

20__

20__

november 1

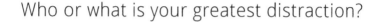

Who or what is your greatest distraction?

20__

20__

20__

20__

20__

november 2

What is the meaning of life?

20___

20___

20___

20___

20___

november 3

Who are you?

20__

20__

20__

20__

20__

november 4

If you were to participate in a talent show today, what would you do?

20___

20___

20___

20___

20___

november 5

Do you have a problem with Black people being compared to food? (i.e. Brown Sugar, Chocolate etc.)

20__

20__

20__

20__

20__

november 6

When you die, who will you send your spirit to visit?

20__

20__

20__

20__

20__

november 7

Are you good at "playing the dozens" or are you too sensitive?

20__

20__

20__

20__

20__

november 8

If you were sent to prison, what would be your survival strategy?

20___

20___

20___

20___

20___

november 9

Do you consider yourself a good listener?

20__

20__

20__

20__

20__

november 10

What's your philosophy on rules?

20__

20__

20__

20__

20__

november 11

How many people are in your inner circle?

20___
___
___
___

20___
___
___
___

20___
___
___
___

20___
___
___
___

20___
___
___
___

november 12

What did you sleep in last night?

20___

20___

20___

20___

20___

november 13

If God does not exist, what difference would it make in the world?

20__

20__

20__

20__

20__

november 14

How do you feel when you're the only person walking across a room full of people?

20___

20___

20___

20___

20___

november 15

How well do you share with others?

20___

20___

20___

20___

20___

november 16

What scares you about marriage?

20__

20__

20__

20__

20__

november 17

What do you think about the concept of college? Is it a scam?

20___

20___

20___

20___

20___

november 18

Have you ever made another person responsible for your happiness?

20__

20__

20__

20__

20__

november 19

What would be missing from your life if your best friend weren't in it?

20__

20__

20__

20__

20__

november 20

Should you date people you work with?

20__

20__

20__

20__

20__

november 21

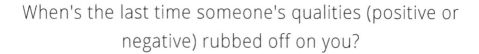

When's the last time someone's qualities (positive or negative) rubbed off on you?

20___

20___

20___

20___

20___

november 22

How do you feel about going to the doctor?

20___

20___

20___

20___

20___

november 23

When was the last time you monitored or modified your behavior around or because of White people?

20__

20__

20__

20__

20__

november 24

Do you consider yourself to be sexually fluid?

20__

20__

20__

20__

20__

november 25

Has someone ever described your skin tone in a way you felt was inaccurate?

20__

20__

20__

20__

20__

november 26

Do you have family members who have been tied up in our criminal justice system?

20___

20___

20___

20___

20___

november 27

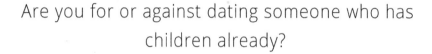

Are you for or against dating someone who has children already?

20___

20___

20___

20___

20___

november 28

Are you adventurous? Do you want to be?

20__

20__

20__

20__

20__

november 29

How much do your family's thoughts and opinions influence your personal decisions?

20___

20___

20___

20___

20___

november 30

What does support from your partner look like?

20___

20___

20___

20___

20___

december 1

How do you show you care in your relationships?

20___

20___

20___

20___

20___

december 2

How have you changed since last year?

20___

20___

20___

20___

20___

december 3

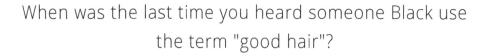

When was the last time you heard someone Black use the term "good hair"?

20___

20___

20___

20___

20___

december 4

Have you ever asked a Black business owner for a discount or hookup?

20___

20___

20___

20___

20___

# december 5

Do you think films depicting slavery help to shift White people's consciousness?

20__

20__

20__

20__

20__

december 6

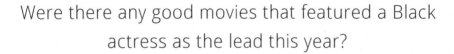

Were there any good movies that featured a Black actress as the lead this year?

20___

20___

20___

20___

20___

december 7

When was the last time you felt someone invalidated your feelings?

20__

20__

20__

20__

20__

december 8

Are there things you could be doing yourself that you've passed on to someone else?

20__

20__

20__

20__

20__

december 9

What does it mean to be "in your body"?

20___

20___

20___

20___

20___

december 10

Who tells you the truth about yourself, even when you don't want to hear it?

20__

20__

20__

20__

20__

december 11

How does your home reflect your personality?

20__

20__

20__

20__

20__

december 12

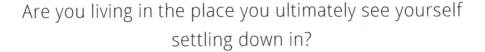

Are you living in the place you ultimately see yourself settling down in?

20___

20___

20___

20___

20___

december 13

What has your silence cost you?

20___

20___

20___

20___

20___

december 14

How do you recognize that you are enough?

20__

20__

20__

20__

20__

december 15

What power do you have?

20__

20__

20__

20__

20__

december 16

How do you define "your voice"?

20___

20___

20___

20___

20___

december 17

What recent happenings in your life let you know that you're still growing?

20___

20___

20___

20___

20___

december 18

What new skill do you need to learn for the next chapter of your life?

20__

20__

20__

20__

20__

december 19

How are you at holding yourself accountable?

20___

20___

20___

20___

20___

december 20

In what ways do your spending habits reflect your core values?

20__

20__

20__

20__

20__

december 21

When was the last time you spoke something into existence?

20___

20___

20___

20___

20___

december 22

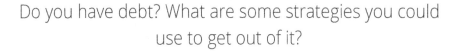

Do you have debt? What are some strategies you could use to get out of it?

20___

20___

20___

20___

20___

december 23

Are you more likely to listen to or ignore your body?

20__

20__

20__

20__

20__

december 24

What do you wish Black men understood about living as a Black woman?

20__

20__

20__

20__

20__

december 25

What's one thing in your closet you never wear? Why do you still have it?

20__

20__

20__

20__

20__

december 26

Are you comfortable expressing your sexual desires?

20__

20__

20__

20__

20__

december 27

Did you have questions your parents refused to answer growing up? Do you still remember them?

20__

20__

20__

20__

20__

december 28

In what ways have you been protecting your ego?

20__

20__

20__

20__

20__

december 29

What was the most significant thing that happened to you this year?

20___

20___

20___

20___

20___

december 30

Do you believe you need to adjust your attitudes, thoughts, beliefs about White people?

20___

20___

20___

20___

20___

december 31

What are you looking forward to in your future?

20___

20___

20___

20___

20___

Made in the USA
Monee, IL
24 November 2020

49446425R00215